あいはら
友子

〈タイトル〉

桜に飛龍

〈効能〉

開運必勝・長楽萬年

〈解説〉

胸を打つほど美しい満開の桜は、悩みごとを忘れさせ、ウキウキと楽しく、おおらかな気持ちにさせてくれます。その気持ちこそが運気を上げるコツ。この絵を飾れば、お花見の気持ちを365日保つことができるでしょう。

〈タイトル〉

カラフル九頭竜

〈効能〉

大願成就・一念通天

〈解説〉

目標を達成するには諦めない心が大切。1つの手、2つの手で諦めず、必ず9つの手を試してみましょう。諦めなければ、絶対に目標は達成できます。エネルギーにあふれるこの絵は、目標を達成するための強い心を応援します。

〈タイトル〉

イルミネーションに飛龍

〈効能〉

心身健康・愉快活発

〈解説〉

運命は自らの心でつくるもの。いつもワクワクする心を持つことが開運へとつながります。華やかなイルミネーションと龍神を見れば気持ちが高揚し、ワクワクが喚起されるでしょう。その気持ちこそが開運へと導きます。

〈タイトル〉

宇宙の流れ星に白龍

〈効能〉

学業成就・就職成就

〈解説〉

世界各国が莫大な予算と労力を割き、知を結集させて乗り出している宇宙開発。いってみれば、宇宙には世界中の運気が集まっています。広大な宇宙を背景に飛来する白龍は、宇宙のエネルギーをおすそ分けしてくれるでしょう。

〈タイトル〉

音符に飛龍

〈効能〉

立身出世・事業繁栄

〈解説〉

２０２３年からは個人が光る時代が到来します。輝く個性が相性のいい人とチームを組んで共存共栄、みんなが活躍できる時代です。そこに流れるのは楽しい音楽。そんなワクワクできる明るい社会を表現しています。

〈タイトル〉

龍神に乗った金萬様

〈効能〉

商売繁盛・一攫千金

〈解説〉

キラキラの金萬様が龍神に乗って金運を運びます。見ているだけで幸せな気持ちに。この絵はかなりの効果があり、「金運が上がった」という声をたくさんいただきます。みなさまのもとに金萬様が訪れることを願っています。

金運がグングンUPする

龍神の絵

あいはら友子

CYZO

はじめに

みなさま、こんにちは。あいはら友子です。
2020年から22年は、みなさまにとってどのような年だったでしょうか。
コロナ禍であまりいい思い出がないという方も多いことと思います。
実際に星のめぐり合わせも、22年9月はどん底でした。
しかし、どうぞご安心ください。
23年からは必ず上り調子になると私は確信しています。
この素晴らしい運気にうまく乗るためのコツがあります。
それが、本書でご紹介する「龍神」です。
龍神は古くから日本各地で祀られてきた神様です。
龍神は、私たちに素晴らしいパワーを授けてくれ、
人それぞれの才能を伸ばしてくれます。
そして、才能が伸びることで仕事に恵まれ、金運もアップします。
本書は、その龍神のパワーを最大限生かして、
みなさまに幸せになっていただくために

ご活用いただくためのものとなっています。
口絵では私が描いた龍神の絵を8作品、ご紹介しています。
お気に召した絵がございましたら、切り取ってお部屋に飾ってみてください。
その日から、何かが変わるはずです。
23年からの大きな好景気の波に乗っていくことができるでしょう。
また、本書では「龍神の扉を開く」ということ
についても詳しくご紹介しています。
龍神の扉を開くとは、どのようなことなのか、
龍神の扉を開くと、何が起きるのか。
私は、これまでにたくさんの龍神の扉を開いてきました。
龍神の扉を開いた方はみなさん願いを叶えられ、
「龍神の扉を開いてよかった」「助けられた」とおっしゃいます。
「金運がアップした」という方も、もちろんたくさんいらっしゃいます。
私は、世界中のみなさまの龍神の扉を開きたい。
そして、みなさまを幸せにして、笑顔あふれる人生を送ってほしい。
その思いでこれまで一生懸命、龍神の絵を描いてまいりました。
みなさまもぜひ、龍神の扉を開いてみませんか。
これまでの人生とはまったく違う、新しい道を歩んでみませんか。

目次

2027年までに日本は最高の運勢！

あなたが幸せになるためにできること

2020年から22年まで新型コロナウイルスに苦しめられた日本。しかし、23年からは明るい兆しが見えるようです。ズバリ、2027年までは最高の運勢に入りそう！ 2020年代最後の上り調子に乗り遅れないために、私たちができることはなんでしょうか？ 今後の運勢と心がけるべきことについて、ご紹介します。

これまでは水の星 これからは子どもの星

2020年から22年の日本は暗い話題が多かったように思います。それは、水の星が近づいていたことが原因なんです。そのことを知っていた私は、以前から「絶対に悪いことが起きる」と予言していました。そして予言の通り、ダイヤモンド・プリンセス号の新型コロナウイルス集団感染、屋形船の感染、長梅雨、厳冬、甚大な水害……水にまつわる災難が続き、とうとう20年の東京オリンピックも延期となってしまいました。

また、超感情の星も近づいていたことが原因となり、人々から仏の心が消え、恩義の心がなくなってしまった。このような状況下では大事件や天変地異が絶対に起きます。事実、安倍晋三元首相の銃撃事件が発生しました。

さらに、20～21年は大人の星でもありました。人々は守りに入る心理が働き、欲望や行動を自粛しようと心がけました。

22年終わり頃から23年は、子どもの星が少しずつ顔を出します。子どもの星は「旅行したい」「買い物したい」「おいしいご飯を食べたい」と、あちこち動き回ります。心は陽気になり、ワクワクします。ワクワクすると愛想がよくなるので、結婚も増えます。ただし、ワクワクに乗せられた勘違い結婚も増えます。だから、離婚も多くなるでしょう。

こうして人が動き回る影響で景気は少しずつ回復。外国人観光客の入国制限も大幅に緩和されて、海外からの観光客もたくさん来るでしょう。円安の影響で輸出業は収益が増大しますし、

2027年まで好景気が続きます！ この波に乗ってくださいね♪

2022～2027年に起きたこと＆起こること

2022年

1月

- 内閣官房が、北朝鮮から弾道ミサイルと見られる飛翔体が発射されたと発表。
- フンガ・トンガ＝フンガ・ハアパイ火山で大規模な噴火が発生。

インバウンド需要も拡大。加えて、24年には渋沢栄一の新1万円札が発行されます。渋沢栄一は銀行を作った人ですから、さらに金運が上がります。25〜26年は日経平均株価5万円に達し、この好景気は27年まで続きます。その先は、おそらく悟りの星が来るでしょう。

大きく変わるところとしては、これまでのボス社会が終わりを告げます。そして、個人が光る時代になります。「山椒は小粒でもぴりりと辛い」と言いますが、小粒でも個人の才能が生きて、それぞれ相性のいい人とチームを組んで、大きな成功を収めるという社会に変わっていきます。ですから、「長い物に巻かれていれば安心」という考えは捨て、一人ひとりが光るように努力しましょう。そうして自分を変えることができた人だけが、27年までの大きな波に乗っていくことができます。

「乗り遅れ鬱」に気をつけましょう

27年まではいいことずくめのようですが、いくつか問題もあります。

景気が上がって、人々がみんな5歳児のように動き回るようになりますが、同時に寂しい星のかたまりも近づいてきます。この星に支配されると、心が潰れてしまいます。実際、20〜22年は芸能人の自殺が相次ぎました。お金はあっても心が潰れてしまう人は、ものすごく多い。

さらに、世間が好景気に盛り上がる中、その波に乗り遅れてしまうと、「乗り遅れ鬱」になる危険性もあります。寂しい星はどんどん大きくなっていきます。寂しさに負けないように注意してください。

また、超感情の星や喧嘩の星も動いています。どんなに正論でも強く主張すれば、たびたび他人に攻撃されます。SNSも喧嘩の星が支配していますから、あちらこちらで炎上騒動が起きるでしょう。寂しい人がストレス解消のために他人に意地悪をすることもあり、そうしたことが拡大していくと、ロシアとウクライナのように戦争や残虐な殺人事件が起きてしまいます。喧嘩の星ですね。ですから、「心を育んでほしい」と私はたびたびお伝えしています。他人を攻撃しても悩みは解決しません。悩みは自分で努力しなければ解決しないのです。

この数年で「どん底」だったのは、22年9月。このとき、ありとあらゆる問題が噴出しました。多数の人が苦しみましたが、この時期に、自暴自棄にならずに問題に向き合って解決しようと努力した人のみ、龍神の扉は開き、勝ち組に入ることができます。悩みを放置して他人を攻撃するばかりでは、必ず負け組に落ちます。

悩みの解決方法はまず、きちんと問題に向き合い、とにかく考えて考えて考え抜くこと。解決策は必ずどこかにあるはず。それが見つかるまで探す。執念です。諦めない心を持つことが大切です。

また、超感情の星の影響でつい感情的な口調になりやすいので、ふだんからニコニコするように意識して、他人のことは批判するのではなく、ほめるようにしましょう。これからは陽気な人が運勢が上がっていくでしょう。

運気は気持ちで招くもの。気持ちが暗かったり問題を放置していたりすると、どうしてもマイナス思考になります。思考がマイナスだと行動もマイナスの結果をもたらし、全体的に運気は低下します。前向きな気持ちを持つよう心がけてください。

開運の鍵を握る龍神は世界中に存在した

誰もが自分の運を強くしたい、幸運

2月
- 中国・北京で冬季オリンピック開催。
- ロシアがウクライナへの侵攻を開始。

3月
- 福島県沖でM7・4の地震が発生。

4月
- 日本の成人年齢を18歳に引き下げる改正民法が施行。
- 北海道知床半島の沖合で観光船が沈没。

7月
- 奈良県で安倍晋三元首相が選挙演説中に銃撃され死去。
- アメリカ・オレゴン州で世界陸上開催。

9月
- イギリス・英連邦王国女王のエリザベス2世が崩御。
- 政府が24年ぶりに為替介入を実施。
- 安倍晋三元首相の国葬が行われる。

10月
- イーロン・マスクがTwitterを買収。
- 韓国・ソウルの梨泰院で群衆事故が発生。

11月
- 2022 FIFAワールドカップ カタール大会開催。

2023年

5月
- イギリス国王チャールズ3世とカミラ妃の戴冠式。
- 広島市で第49回先進国首脳会議開催。

8月
- ハンガリー・ブダペストで2023年世界陸上競技選手権大会開催。

に恵まれたいと思うでしょう。その鍵を握っているのが龍神です。

　では、龍神とはなんでしょうか。龍神は、昔は見える人がとても多かったそうです。昔は現在のように安全な世の中ではありませんし、さまざまなテクノロジーもありません。だから、自分の五感や直感に頼って行動しないとなりませんでした。その分、感覚が今よりも鋭敏だったのでしょう。きっと龍神の姿も見て感じ取れたのだと思います。

　龍神は、天井画やふすまなどに描かれる絵のモチーフとして多く登場します。国交もなく、今のような情報網もない時代から世界各国で似たような姿の龍神が描かれたのは、まさしく龍神が存在したという証しだと思います。

　人類の歴史を振り返ると、有史以前の昔から今に至るまで戦いの連続です。地球のどこかで常に殺し合い、奪い合いが起こっています。これは天から見ると、当然望ましい状態ではありません。そのため、人類を幸せに導くはずの龍神は怒りに耐えかね、扉を閉めてその奥にこもってしまいました。

　龍神が姿を現さなければ、人々は苦しむことになります。その苦しみから逃れようとして、また争いが起きるという悪循環に陥ってしまいます。

　私はこの龍神の扉を開けるために、この世に降ろされました。

龍神の扉を開けると不思議な出来事が発生

　龍神は、みなさんのそばに必ずいます。くっついています。どんな人のそばにもいます。ところが、ほとんどの人はその扉が閉まっており、龍神はいないも同然の状態にあります。だから中途挫折も起きるのですね。どの方向に自分が向いているかもわかりません。ジャングルの中を歩いているようなものです。いばらの道ですね。

　龍神の扉は、私のような特殊技能を持つ者にしか開けることはできません。龍神の扉は一度開くと、来世、再来世もずっと開きっぱなしになります。

　では、龍神の扉を開けた人は、どうなるのでしょうか。

　空海いわく、「誰でも絶対に1つは才能がある」そうです。龍神は、その人の才能をどんどん伸ばしてくれます。

　しかし、龍神の扉が開いたからといって、勝手に才能が伸びるから何もしなくていいというわけではありません。目的に向かって努力し、諦めない心が大切です。そういった心を持つ人にのみ、龍神は味方になってくれます。

　そして、自分に向いた道が見えてくるのです。ある女性から「息子がパイロットの資格試験を受けるので、龍神の扉を開いてほしい」という相談を受けたことがあります。私は龍神に祈願するとともに、「息子さんにはとにかく『諦めるな』と伝えてください」と言いました。人生は執念。諦めずに努力する。その努力があってこそ、龍神は手助けをしてくれるのです。その息子さんは無事に試験に合格し、パイロットになることができました。

　龍神の扉を開けると、受験であればその人に向いている学校に合格しますし、仕事も自分の向いている仕事にめぐり合い、自分の能力を発揮することができます。龍神は、必ずその人にとって一番幸せになれる道へと導いてくれるのです。

　危機的な状況になっても龍神が救ってくれます。例えば、道を歩いているときに、「一瞬、判断が間違っていたら車に轢かれていたかも」と、ヒヤッとした経験がある人は少なくないと思います。それは龍神がギリギリのところで助けてくれたのです。あるいはもし、誰かに意地悪をされたときには、龍神がその人に3倍返しをしてくれます。危険なことや犯罪に遭わないように守っ

9月
・フランスでラグビーワールドカップ2023開催。

2024年

1月
・箱根駅伝第100回記念大会開催。

4月
・北米大陸で皆既日食を観測。

5月
・10年に1度開催される川崎大師（平間寺）の大開帳が行われる。

7月
・フランス・パリでオリンピック開催。

11月
・アメリカ合衆国大統領選挙の一般投票。

（時期未定）
・渋沢栄一の1万円紙幣、津田梅子の5千円紙幣、北里柴三郎の千円紙幣が発行される。
・スペースXのインタープラネタリー・トランスポート・システムによる人類初の火星有人ミッション実施。
・日本の宇宙ベンチャーispace Japanが、月面探査プログラム「HAKUT-R」の2回目のミッションを実施。

2025年

1月
・大学入学共通テストで新教科「情報」が追加される。

3月
・日本初のラジオ放送開始から100周年。

てもくれますし、大病も致命的なことにならないように、ペナルティーにならないように、大難が小難になるように導いてくれることでしょう。

私は、京都・清水寺の青龍会に登場する、顔に般若心経が書いてある龍神の絵をたびたび描いており、清水寺にその絵を飾っていただいています。そのご縁から、あるとき、「豪雨で桂川の渡月橋付近が氾濫していて危険な状況だ。水害を止めてほしい」と電話がかかってきました。急いで京都に向かい、青龍が眠っている蔵に入って祈願すると、龍神の扉が開き、雨がぴたりとやみました。龍神の扉を開くと、こうした不思議なことがよく起きるようになります。たとえ天変地異が起きても、自分や親しい知人だけは救われるということもあります。

龍神の扉を開けて充実した人生を送りましょう

金運・結婚運もアップ生きがいのある人生に

前述したように、誰でも絶対に1つは才能があります。龍神の扉を開くと、その才能が伸びます。すなわち、自分が生きていく道の中で一番合った方向に龍神が導いてくれます。

そうすると、仕事で成功できます。成功するから、金運もアップします。お金は追うものではありません。後から付いてくるもの。得意なことをするから運が開けて、金運に恵まれるのです。

また不思議なことに、龍神の扉を開くことによって結婚運もアップします。結婚運は鳳凰が司るといわれていますが、龍神によってお金に恵まれた結婚を可能にします。というのも、龍神によって才能が伸びると人は自信を持ちます。自信に満ちた堂々たる姿は、たくさんの人を惹きつけることができます。自信のある人は同じように自信のある人と惹かれ合い、お金持ちと結ばれる可能性が高くなるのです。

龍神の扉を開くと、お金や結婚以上の運にも恵まれます。それは何か。生きがいです。龍神の扉を開いたら、生きがいのある人生になるのです。

日本は飽食の国だといわれています。しかし、現実には心を病む人や自殺者がとても多い国でもあります。衣食住が満たされることは大切ですが、人はそれだけでは生きていけない。生きがいも必要なのです。その生きがいのある人生に龍神が導いてくれます。

「龍神の扉を開いてほしい」

そんな依頼が私のもとに次々と舞い込んできます。私が祈祷して龍神の扉を開くと、必ず道が開けます。27年までの好景気。龍神の扉を開くと、運気はさらに絶好調になります。ぜひ、みなさんにも龍神の扉を開けていただきたいと思っています。

4月
・大阪で2025年日本国際博覧会開催。

12月
・水星探査機「ベピ・コロンボ」が水星に到着。

〈時期未定〉
・第27回参議院議員選挙。
・東京都議会議員選挙。
・第50回衆議院議員総選挙。
・NASAが宇宙飛行士を月面に着陸させる。
・アフリカとヨーロッパを結ぶジブラルタル海峡の鉄道トンネル「ジブラルタルトンネル」が開通。
・サウジアラビアで1008メートルの「ジッダ・タワー」が完成予定。
・空飛ぶクルマを開発するSkyDriveが大阪ベイエリアでエアタクシーサービスを開始。
・太陽極大期の到来に伴う太陽フレアの影響により、無線通信や電力網などに影響が出る可能性がある。

2026年

2月
・ミラノとコルティナ・ダンペッツォで冬季オリンピック開催。

6～7月
・2026 FIFAワールドカップ アメリカ／カナダ／メキシコ大会開催。

2027年

〈時期未定〉
・2013年から始まった渋谷駅周辺の再開発事業が完了予定。
・リニア中央新幹線が品川駅～名古屋駅間で開業予定。
・高さ日本一となる約390メートル（地上63階）の「トーチタワー」が東京駅日本橋口前に完成予定。

守護星を知って幸運をつかむ！

私たちの人生は、7つの守護星のめぐり合わせによって大きなチャンスが訪れたり、ピンチに陥ったりします。それぞれの星の特徴とは？

人は生まれ持った自分の星と、その周りを回ってめぐってくる6つの星、計7つの星によって運勢が決まります。

まず、自分の星があります。その星の数は、もともと7つ持っている人がいないから問題です。持っている星は半分くらいだって思ってください。そこにめぐってくる星は、毎年変わりますが、その中の1つは金運を司る星。この星がめぐってくるときは比較的お金に困ることはありません。

2つ目は仕事運を司る戦いの星。人生は下りのエスカレーターを上がっているようなもの。ボーッとしていると負けてしまいます。死ぬまで戦っていかなければなりません。特にこれからは戦国時代に入り、勝ち組と負け組の明暗がはっきりと分かれます。戦いの星がめぐってきたときに、つかみとった人が勝ち組になれます。実は、ほとんどの日本人は戦いの星を持っていません。ボーッと暮らしていても、そこそこ暮らしていける国だからです。だからこそ、岸田総理が防衛費アップなんて言ったりするのでしょう。例外として芸能人は戦いの星をたくさん持っています。自らチャンスをつかみとって厳しい競争社会を生き抜いているからです。

戦いの星をつかみとるには、健康の星、やはりエネルギーが必要です。エネルギーの星を付け加える必要があります。まさに赤富士ですね。太陽神の絵柄もあります。

これが人生を支配する7つの星

先祖の星

先祖の星ともいえます。この星を持つ人は、目に見えない先祖が味方したりもしますが……先祖も人間ですから、いい人もいれば、あまり力のない方もいます。先祖は子孫がかわいいので、味方をすることがほとんどです。

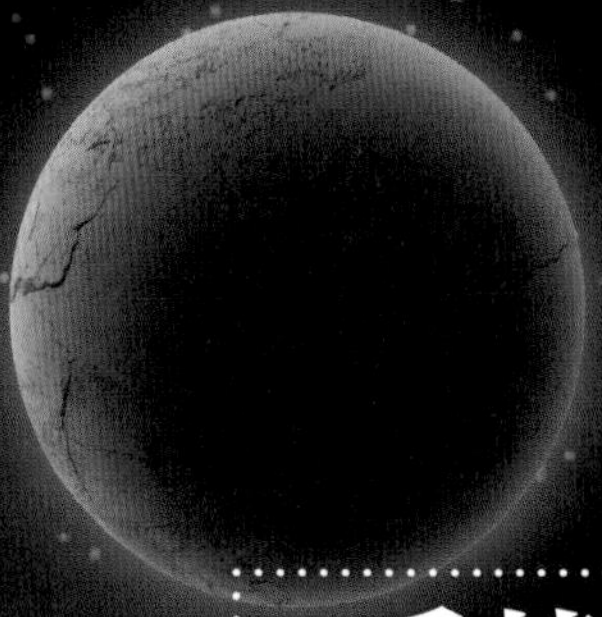

愛情の星

鳳凰が司り、結婚運を左右する星。遠くにある星なので、つかむことが難しい。恋愛、チーム力、優しさ、プライベートな幸せを表します。

暗黒惑星

不運、災いをもたらす星。他の惑星に不運や悪さをして喜びます。大きくなっています。消えることはありませんが、祈願（除霊）で小さくできます。

自分の星、金運の星、戦いの星、健康の星から遠く離れたところに、愛情の星があります。ここには鳳凰《ほうおう》がいます。遠いところにあるので、なかなか好きな人にめぐり会えない。だから結婚は難しいのです。

同じくらい離れたところに先祖の星があります。先祖の星は、言い換えれば悟りの星ともいえます。私たちが神様に近づくことは無理ですが、せめて先祖の応援を得ることができれば、見えない先祖力に応援をもらえることができます。この星は、神仏の応援を得ることもできる星でもあります。

例えば、さだまさしさん。彼はやさしさの塊のような人です。それは、もともとが悟りの星で生まれているからです。だから一生、運が強い。とはいえ、いいことばかりが起きるわけではありません。さださんは過去に莫大な借金を抱えていましたが、そういう試練は時折与えられます。それでも強運の持ち主は、試練を乗り越えられる。運が強い人は上り調子のときに一度ドンと落とされることがあります。そして、そこから這い上がれたときに、真の強運を手にします。人は地獄を見ると運勢が変わるのです。まさしく、さださんはそのような人。他にも、谷原章介さん、堺正章さん、笑福亭鶴瓶さん、森泉さん、坂上忍さん、萩本欽一さん、丹波哲郎さんは悟りの星で生まれた、運勢が一生強い人ですね。

これら6つの星の傍らに、膨れ上がった暗黒惑星があります。暗黒惑星は悪いことが起きると、喜んで膨れ上がる。これが消えてなくなることはありません。ただ、祈願（除霊）によって3割程度に小さくすることはできます。大難を小難にできるのです。

2020~21年、悪い出来事が重なり、暗黒惑星は最大級に膨れ上がっています。今後は小さくなるように祈らなければなりません。私の祈願は2種類です。まず、プラスの祈願。願いを神様に届けます。次に、マイナスをなるべく小さくする祈願。暗黒惑星を小さくして、ペナルティーになることをなるべく厄除け程度にするように祈願いたします。祈願はこの2種類で成り立っています。

健康の星

心身の健康を司る星。何事も健康が基本。この星を大切にしてください。ガス満タンがいいのですが、オリンピック選手、ワールドカップ選手などは、たくさん持っています。

戦いの星

仕事の運勢を左右する星。めぐってきたタイミングを逃さず、つかみましょう。まさに仕事は戦いの星、勉強の星、自己運営力の星でもあります。

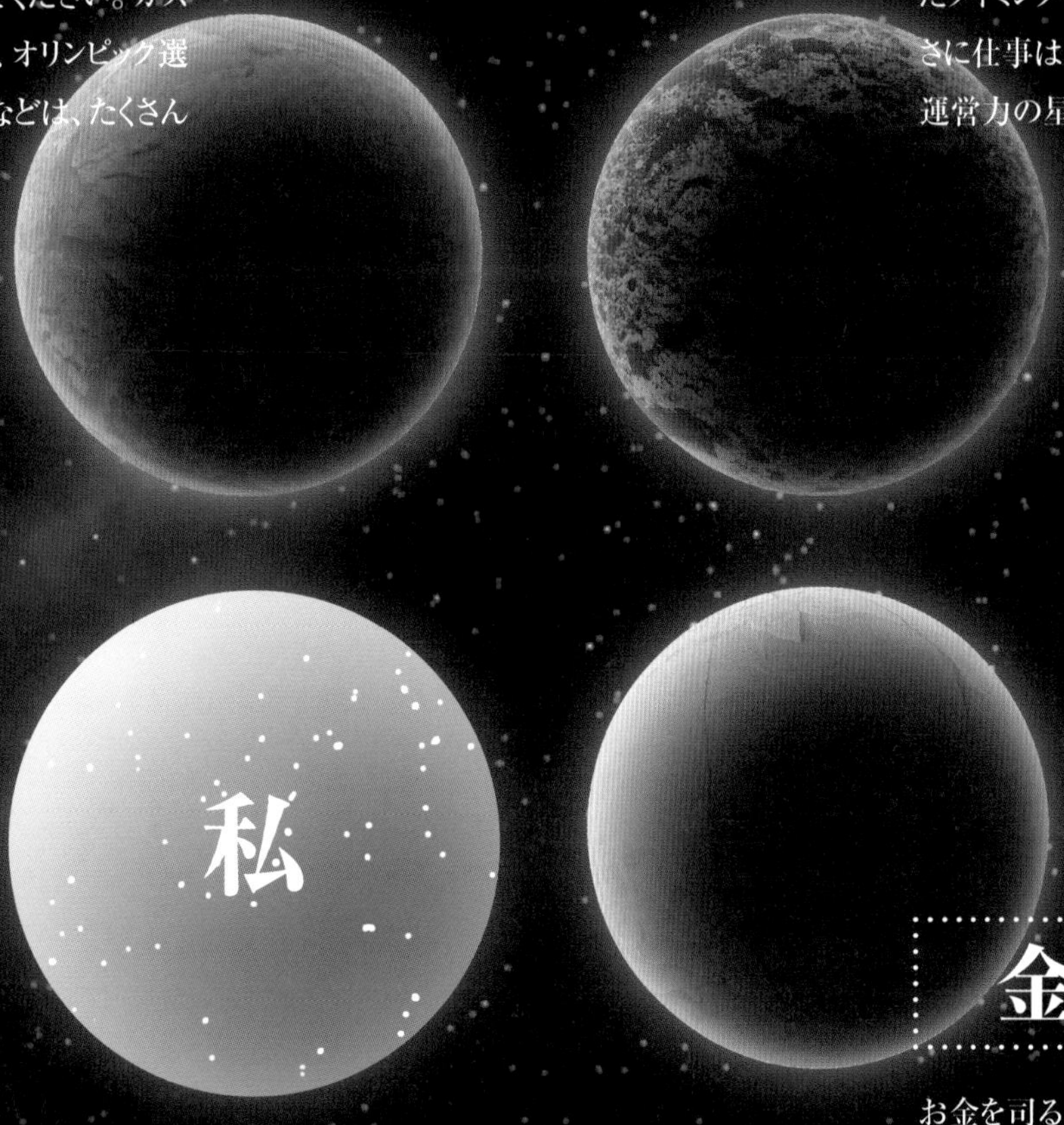

金運の星

お金を司る星。この星を持っている人は、お金に困ることはありません。宝袋を担いでいるのですね。

金運がアップする 最強の「龍神」の絵はコレ！

お部屋に飾っておくだけで金運アップ！
気持ちも豊かになって、毎日が楽しくなる。
そんなご利益がいっぱいの龍神の絵。
数々の名作から選りすぐった
口絵の８作品について、ご紹介します。

［桜に飛龍］

お花見はとにかくウキウキ楽しい その気持ちを365日維持できる！

桜は日本を代表する花であり、古来から日本人に愛されました。桜の咲く季節はしばしば春雨が降り、強い風が吹き荒れます。やがて花は散り、葉に新しい命が宿り、毛虫を忌み嫌う人間から殺虫剤を撒かれる。そんな手荒い扱いにも耐えて、また次の年も桜は華麗に咲き誇ります。お花見に行くと、悩みごとがあってもその美しさに胸を打たれ、おおらかな気持ちになれますね。そして、ウキウキと楽しい気分に。その気持ちを365日持つことができたら、運気は自ずと上がるでしょう。そんな思いを込めて、たくさんの桜と縁起のいい赤富士、黒い飛龍を描きました。黒い龍は仲間が多く、願いを聞き入れてくれやすいですよ。日本画は「余白の美」とよくいわれますが、私の場合は「てんこ盛りの美」。この数年、コロナ禍で気持ちが沈んでいる方が多いと思います。こうしたピンク系、赤系の絵を飾ると、お部屋が華やかに明るくなることでしょう。

[清水寺に龍神]

音羽の瀧を訪れる青龍 その顔には般若心経が……

京都・清水寺には、観音様の化身である龍が音羽の瀧に夜ごと飛来して水を飲むという伝承があります。普段は蔵で眠る青龍ですが、大雨で桂川の渡月橋付近が氾濫した際、私が祈願すると青龍の扉が開き、水害がぴたりと止まりました。毎年3月、4月、9月には地域守護と除災を祈願して、長さ約18メートルの青龍が境内と門前町を巡行する「青龍会」があります。この青龍の顔に書かれているのが般若心経。それは「空」の思想に基づいたもので、現世の苦しみから解放されて安らかに生きていくにはどうしたらよいかを伝えています。そんな青龍を描いたのが、こちらの作品。青龍は真実や本質を見抜く力を持ち、悟りの境地に至るまでの大切なことを教えてくれます。

参考作品

清水寺の青龍（全長18メートル）は観音様の化身です。麻布と和紙で作られており、約8000枚の鱗は江戸時代の経文が貼られているそうです。

［カラフル九頭龍］

1度や2度では諦めない 9つの手を試して成功へ

2027年まで運勢がどんどん上がっていきます。大きなチャレンジをしてみたいと考えているのなら、27年までの間に実行するといいでしょう。20年、21年は、しんどい年でした。28年、29年も、どうなるかわかりません。27年までがチャンスなのです。そのときに、もしうまくいかないことがあって、あの手この手でやってダメだとしても、次の手、その次の手と試してみてください。そうして続けていれば、絶対に日標は達成できるはずです。1つの手、2つの手で諦めてしまう人が多いのですが、必ず9つの手を試してみましょう。こんないい時期は2度と来ませんから。諦めない心を大切に。エネルギーにあふれるこの絵は、目標を達成するための強い心をきっと応援してくれることでしょう。

参考作品

日本各地に残っている九頭龍伝説。鬼が水神となったという説や、疫病をもたらす鬼を食べて退治したという説など、さまざまな言い伝えがあります。

[イルミネーションに飛龍]

ワクワクするイルミネーション 龍神も楽しげに見えます

2020～21年は大人の星。自粛ばかりのじっとしている星でした。しかし、今後回ってくるのは5歳の子どもの動き回る星。加えて、5歳児は寂しがり屋。そんな星の大きなかたまりが来ているので、しっかり心を埋めなければ寂しさや心の病気、悟りの消えた空虚感、鬱に心身ともに支配されます。だから人々は旅行や外食、買い物などであちこち動き回る。そうして経済が活発になって世の中がにぎやかになり、景気が上がる一方、「乗り遅れ鬱」として取り残される人も。この星のせいで心が潰されては運気を生かせません。ただ、「運命は心でつくり招くもの」。ワクワクできることをするのが大切。そこで、気持ちが高揚するイルミネーションと龍神を描きました。

参考作品

赤富士はめったに見られるものではなく、見られた人は災いを免れ、願いが叶うといわれています。つまり、龍神に赤富士は最強の組み合わせなのです。

[宇宙の流れ星に白龍]

宇宙にパワーがみなぎる! テクノロジーと白龍の融合

宇宙開発は昨今、注目のキーワードですよね。世界の各国が宇宙開発に莫大な予算と労力を割き、知を結集させて、開発に乗り出しています。だから、宇宙に世界中の運気が集まっているともいえます。そのエネルギーをおすそ分けしてもらえたら……ということで、広大な宇宙を背景に珍しい白龍が飛来してきた姿を描きました。龍神は、ほとんどが黒。白龍はとても強い龍なのですが、数はとても少なく珍しい存在です。神秘的な宇宙エネルギーにぴったりの存在といえるでしょう。あまりに疲れたときは、龍神に「宇宙エネルギーを入れてください」とお願いします。そうすると、活力が復活するときがあります。やはり宇宙のパワーはすごいなと、しみじみ実感しています。

参考作品

白龍は古代中国において天上界の皇帝に仕えているとされていました。龍の中でも特に空を飛ぶ速度が速く、富や豊かさの象徴でもあります。

［梅に白龍］

人間は芯の強さが大切
寒さに負けない梅のように

人間はもともと、野生動物と同じです。弱いものを見れば食べたいと思います。とても意地悪な存在なのです。ただでさえ人生は下りのエスカレーターを必死で上がっているようなものなのに、そこへ石を投げつけてくる人がいます。そうした逆境、意地悪、足の引っ張り合いに耐えるために必要なものは、ぶれない芯です。樹木で芯が強いものの1つが梅。雨が降っても、風が吹いても、寒い時季にもかかわらず、可憐に咲きます。人生には梅のような芯の強さが必要なのです。いくら太っていて身体は立派でも、芯が強くないとダメですよね。芯はエネルギーにもなります。背景を黄色にしたのは、金運を意識しています。芯がある人には金運はきっと付いてきますから。

参考作品

「梅は百花の魁」ということわざの通り、梅は春の初めにどの花よりも先だって開花します。そのため、とても縁起の良い花として愛されているのです。

［音符に飛龍］

個性が光る時代にふさわしい楽しい音楽があふれる世界

2020〜22年は、ボス社会が終焉した年でした。実際、大手芸能事務所から独立する俳優やタレントが相次ぎましたよね。個々が光るチャンスが到来したのです。そして、それぞれが相性のいい人とチームを組んで共存共栄、みんなが活躍できる時代になりました。私は、そうしたときに楽しい音楽が必要だと思っています。いいチームを組んで、楽しい音楽を奏でて、ワクワクしてほしいのです。絵でそうした楽しい音楽を表現したいと思い、龍神とともに音符をたくさん描きました。1人の強い者に弱い者が群がり、時に誰かが犠牲になるようなボス社会ではなく、それぞれ輝く個性が束になり、素晴らしい力を発揮していく。そんな明るい社会を表現しているのです。

参考作品

龍が持つ玉は「如意宝珠」と呼ばれ、「意のままにさまざまな願いを叶える宝の珠」という意味を持ちます。すべての願いを叶える神聖な玉なのです。

[龍神に乗った金萬様]

金運がどんどんアップする体の中から出てきた神様

10年以上前のことになります。ある日突然、「金萬じゃーっ」と私の体の中から金萬様が出てきました。キンキラキンの金色をした金萬様に、「あなたの買った株は上がるだろう」「あなたの買った土地は値が上がるだろう」「あなたの顧客は金運がどんどん上がるだろう」と言われました。「それは、私があなたにくっ付いて生まれたからだ」と。そのとき、金萬様が私の人生を支えてくれているのだと実感しました。金萬様はその名の通り、金運を呼ぶ神様です。不思議なことに「この作品を飾るだけでかなりの効果があり、金運がアップした。次は印刷されたものではなく、直筆の作品がほしい」という方がとても多い作品です。みなさんのもとに金萬様が訪れることを願っています。

「あなた、オーラが黄色だわ」と突然声をかけられて――

スペシャル対談①

西岡德馬 × あいはら友子

私たちは宇宙からやってきたプレーヤー

ドラマ共演をきっかけに、スピリチュアルの話題で意気投合。20年来の友人である2人。

西岡さんの会社名をあいはらさんが命名したというエピソードも……。

運気アゲアゲな2人の幸せオーラいっぱいのトークをお届けします!

龍神様の力は確かにあると痛感しています。

——西岡徳馬

引っ越し魔の西岡の「おウチ鑑定」をした

あいはら　西岡さんと知り合ったのは、2時間ドラマの共演でしたよね。

西岡　うん、よく覚えてるよ。確か15年か20年ぐらい前、どこかのロケで控え室が一緒だったんですよ。そこで「ちょっと西岡さん、あなたオーラがすごいわ、黄色だわ」って急に声かけられて、「何言ってんのこの人?」と思ったんだけど、俺もスピリチュアルに興味があるんで、そこからいろんな話をするようになって……。

あいはら　オーラの話はあんまり覚えてないんやけど（笑）、西岡さんのおウチにも行きましたよね。

西岡　そう。俺は引っ越し魔で、もう20回くらい引っ越しているんです。あいはらさんにウチを見てもらい、「ここならええわ」って言ってもらいました。そこからまた引っ越したんだけどさ。

あいはら　そうなんですか。

西岡　引っ越しでどれだけお金を使ったのか、もうわからないくらい。だけど、これまで住んだどの家にも、ちゃんと大きな神棚と仏壇を置いて、毎朝お祈りしています。あいはらさんの絵もいくつも飾ってますよ。龍神も赤富士もある。やっぱり絵に力がありますからね。

あいはら　ありがとうございます。西岡さんはすごく信心深い方。おウチに伺ったときもおふだを置いていらっしゃって、すごいなと思って。やっぱり人生、運やからね。信心深いことは大事ですよ。

西岡　やっぱりね、あいはらさんが言うように、龍神様の扉といいますか、得体の知れない力は確かにあるだろうなと痛感しているんです。俺の会社、「レッドホースヒルズ」という名前も、あいはらさんに付けてもらいましたよね。

あいはら　運勢を上げるためには温めなあかんって言ってね。「レッド」は燦々と太陽が当たるイメージです。「ホース」は西岡徳馬さんの「馬」であり、「馬（午）」は十二支で真南を指す大吉の字。「ヒルズ」は西岡さんの岡ね。そこに桜が咲き、菜の花が咲いて、菜の花は金運であり、芯が強いのですね。かつ、気が良くなる新緑で、太陽が燦々と当たっている丘ですね。「これでもう絶対、一生大吉です」って言ったんですよ。仕事だけじゃなくて、健康運も上がる。そうすると、お金はついてくる。実際、事務所の名前を変えられて運気が上がったんじゃないですか。

西岡　おかげさまで、いろいろとお誘いいただいています。

あいはら　大事なんですよ、事務所の名前は。高野山に行くと、有名会社の社名が刻まれている石碑がたくさん並んでいますよ。名前は運勢に絶対に関係ありますね。

西岡　文学座にいた駆け出しの頃は、本名で役者やってたの。「徳美」って書いて「のりよし」と読むんだけど、みんな読めないじゃん。女性に間違われるし。親父に「なんでこんな名前付けたんだ」と聞いたら「きれいなほうがいいじゃないか」と言っていたんだけど、昭和54（1979）年、文学座を辞めるときに「徳馬」と自分で芸名を考えたんです。

あいはら　爆発するような演技の人やから、「馬」のような強い字のほうが合ってる。強運ですよ。

西岡　芸能人なんてね、自分で飛び込みの営業に行くような仕事じゃないからさ。いくら一生懸命頑張ろうとしたって、引き合いがないとどうにもならないでしょう。そのオファーを待ってる時間がキツいのよ。神頼みするしかない。人間の目なんか大したものじゃないから、目に見えない力があるだろうなと思う。俺ができることは、人の出会いや付き合いを大切にして、演出家から注文がついたら、「じゃあ、それよりもっと上へ行こう」と求められ

西岡徳馬（にしおか・とくま）

横浜市出身。1970年、劇団文学座に入団し、俳優デビュー。1989年、つかこうへい演出の舞台「幕末純情伝」に主演。近年の主な出演作としてドラマ『過保護のカホコ』（日本テレビ系）、『家政婦のミタゾノ』（テレビ朝日系）など。2020年、芸能生活50周年記念シングル「だろ?」で歌手デビュー。

たことの何倍もお返しする気持ちで仕事すること。たまに「え、これ俺がやるの？」って内容のオファーも来て、以前はお断りすることもあったんだけど、最近は「もしかしたら、俺が思ってもみなかったような面が引き出されるかもしれない」と。バラエティ番組にも出ているんですよ。5年ほど前には、年末のバラエティ番組で「乳首ドリル」というギャグを体張ってやりましたからね。

あいはら　あれで若いファンが増えたんじゃないですか。

西岡　そうね、お笑いの人たちがやっていることを躊躇なく俺がやったから、若い俳優から「俳優の力を見せつけてくれてありがとうございます」と感謝されました。

あいはら　見たとき、びっくりしましたよ（笑）。

西岡　やっぱりワクワクするようなことをしないとダメなんだよ、人間は。2023年は、宮本亜門が演出する舞台「画狂人北斎―2023―」で葛飾北斎を演じるんです。

あいはら　私、葛飾北斎大好きです。エネルギーの塊。宮本亜門さんと組むのは大吉ですよ。2022年以降は、大吉の人同士が組んでいくことが大事なんです。やっぱり運が強いですよね。お互い、選び合った。

西岡　いや、選んでいただいたんです。

あいはら　選んでいただいた、いいんじゃないですか。私も生かされてるなと思うんですよ。少し前、地方から東京に戻るとき、私の飛行機が飛び立った後に台風直撃。私は今まで絶対に新幹線が止まったことがない。飛行機も飛ばなかったことがないんです。「神様、よろしくお願いします」と祈ったらピーカン。生かされてると思います。

西岡　昔、宇野千代さんによく可愛がられていて、一緒に麻雀やったりしたんだけど、先生の家に「人生は氷山の一角」と書いてあるのれんがあった。氷山って7分の1しか表に出てない。7分の6は水の中に入ってるんです。俺も同じようなもので、まだ何か内在しているものがあるんじゃないか。それを引き出してくれるのは俺じゃなくて他の人。他の人が「これ、やってみたらどう？」っていうことをやってみたら、俺に合うかもしれないと思ってるんです。自分の中を引っ張り出してくれるのは他人。だから、それをありがたくお受けしてます。

あいはら　76歳、大ベテランになってもそういうマインドでいられるなんて、すごいですよね。

西岡　こういう考え方は全然苦じゃな

爆発するような演技やから強い「馬」という字が合ってる。強運です。

——あいはら友子

い。本当にそう思ってる。

俺が神頼みするのは「2K」でいいんです

西岡　今、西北に引っ越したいと思ってるんですよ。ウチは夫婦とも九州出身なんで、2人で西北に行って、それが終《つい》の棲家《すみか》になるかなと思ってます。

あいはら　方角は大事。風水でいうと西北は白。お金が入ってきますよ。引っ越しはいつですか？

西岡　24年。

あいはら　いいじゃないですか。1万円札が渋沢栄一に変わるとき。渋沢栄一は銀行を作った人だから、金運が強い。そこから2027年まで、日本は景気が上がります。

西岡　（あいはらの絵を見て、ふと）これいいね。

あいはら　金萬様の絵（19頁参照）、やっぱりピピッときますか。金の神様で、龍神に乗って降りてくるんですよ。

西岡　金萬様、お願いしますよ。俺は2Kでいいんです。2Kっていうのは、健康と経済ね。健康と経済がとりあえずあれば、仕事は自力でがんばる。

あいはら　2K（笑）。西岡さん、パッと「この絵がいい」とおっしゃいましたよね。つまり、金運がこれから上がる可能性が高いということ。人間、自分に必要なものを自然に選ぶものなんです。ということは、女はもうええと思ってはるんですね。恋愛に興味がある人は、まず鳳凰の絵を選びはるもん。

西岡　恋愛も、金がないとね……。

あいはら　お金があったとしても、もうめんどくさいんじゃないですか。

西岡　そうね。「どこ行ってたの？」と聞かれて、嘘つくのがもう嫌になってきた（笑）。

あいはら　誕生日はいつですか？

西岡　昭和21（1946）年10月5日。

あいはら　誕生日には同じ星が回ってきます。自分が持ってる星。だから、運勢が重たくなるから注意が必要です。運勢が強いのは、誕生日と真逆。10月生まれは4月頃が運勢がいいですよ。

日本のエンタメ業界は今後、どうなる？

西岡　そうそう、あいはらさんに会ったら聞こうと思ってたんだけど、今、日本の芸能の仕事、エンタメの仕事がものすごく貧しいんですよ。というのは、企業が金を出してくれないから。アメリカのテレビ局制作のドラマ『将軍SHOGUN』のリメイク版を撮ったんです。本当は日本で撮る予定だったんだけど、東京オリンピックとコロナ

金萬様、金運アップお願いしますよ。恋愛もお金がないとね。

——西岡徳馬

私たちは人を元気にするために降りてきた。
——あいはら友子

が重なって、カナダのバンクーバーで撮ることになって、約8か月間、そこに滞在したんです。今、バンクーバーが映画やドラマを撮るのに一番いいらしいんです。アメリカに近いし、ロサンゼルスより安い。それでどれくらいの予算でやってんのかと思ったら、連続ドラマ10本で約１８０億円だって。やっぱり財力ってすごいよね。日本なんかさ、昔は2時間ドラマを14日間かけて撮っていたのが、今はもう10日間で撮るようになった。ロケバス代1日10万円を削減して、出演者は各自でロケ近くの駅に集合ですよ。低予算で作らなければならないから、どんどん経費がカットになって、いいものができなくなってる。どうにかならないですかね。

あいはら　２０２７年までは景気が好調。ここで新しい演出家が出てくるし、新しいものもたくさん作られる。そこが面白いチャンスになると思ってます。

西岡　でもね、海外に行って日本のよさにも改めて気づいたんですよ。そりゃバンクーバーの景色は素晴らしいし、きれいな夕日も見られる。でも、街のメインストリートで、注射を打ってるようなやつを何人も見かけました。「なぜ取り締まらないの？」と聞いたら、「どんどん増えるばかりだから取り締まっても仕方がない」と言う。

あいはら　日本はそういうことはないですもんね。

西岡　そうですよ。戦前の軍国主義を持ち上げるつもりはないけど、日本人の道徳心、倫理観を海外に出ることで再認識しました。日本の若者にもどんどん世界に出てもらって、日本の素晴らしさを感じて帰ってきてほしい。

あいはら　西岡さんはバブルのいい時期も、こうしてしんどいときもどちらも経験して、「低予算だ、景気が悪い」と嘆いてばかりでなく、ちゃんと日本のいいところも見つけている。どういうときも前向いてやらんとしゃあないですよね。何があっても、前向きに明るく生きてはるっていう西岡さんの生き方は素晴らしいと思います。

西岡　地球なんてこんなちっちゃい星、宇宙から見たら無数にある星の１つなんですよ。宇宙の歴史は１００億年以上、人類の歴史は５００万年くらい。今の我々が見ているものよりももっともっと大きい、宇宙人の視野で見れば、龍神や創造主、サムシング・グレートと呼ばれるなんだかわかんない存在はいるはず。その力を感じて、感謝をしながら「生かしてもらってる」という思いでいます。輪廻転生したとしても、また違う肉体を持って生まれるわけでしょう。

あいはら　また人間に生まれる確率は、2兆分の1やから。

西岡　悲しいかな、この肉体は80年、90年で朽ちていく。この肉体を持った「今」を大切に楽しんでいきたいですよね。俺は地球に「遊びに来たんだ」と思ってるんです。

あいはら　なるほど、いいですね。「遊びに来ている」。

西岡　遊びはプレーというでしょう。英語では俳優をプレーヤーと言います。神様に「ちょっと遊んでおいで」と言われて生まれたプレーヤー。俺はプレーヤーでよかったなと思う。

あいあら　私も人を元気にするために神様がこの世に降ろしたと言われていて、自分でもいつも「他の国から来たんやな」っていう感じがしていました。お互い、人を元気にさせるために生まれてきたプレーヤー。確かにそんな感じがしますね！

西岡　人生、思い切り遊びましょう！

沖縄へ――
あいはら友子祈願の旅

「沖縄にいらっしゃい」――神からのお告げを受けたあいはらさんは、急いで沖縄へ。
2022年6月、すでに蒸し暑い季節。パワースポットが多数あるといわれる神の島で、
美しい海、植物、豊かな自然に見守られながら願ったとき、そこに現れたものとは……。
沖縄・神秘の旅をレポートします。

沖縄へ—
DAY 1

神の山に入り、祈りを捧げる

沖縄1日目は山での祈願。神の声が導くまま、恐れもせず険しく過酷な山を分け入り、祈りを捧げます。古くから祀られていた神聖な神の山。そこに神は舞い降りました。

ある日、神様に突然呼ばれて

私は神の声が24時間、365日聞こえています。祈願をするときも、いつも神様と話し合い、お願いをしています。ある日、突然、神様が「沖縄にいらっしゃい」とおっしゃいました。こういうことはたまにあります。神様に呼ばれたら、すぐに行かなければなりません。神様は、私のことはすべてお見通し。絶対に行けないような状況のときにお呼びにはなりません。「この日だったら行けるだろう」というときにお呼びになるのです。私は急いで旅支度を整え、沖縄に向かいました。以前登っていた山は開発されてしまったので、新たな神の山に行くことにしました。琉球最初の統一王朝を作り上げた第一尚氏の頃から神聖な山とされています。

神の存在を近くに感じながら、30分ほどかけて神聖な山を登っていきます。登るにつれて、どんどん体が重くなっていきます。

険しい山を登ってゆく

6月下旬の沖縄は、もう夏。蒸し暑い中、山を白い服装で登っていきます。まわりはハブだらけ。私自身はハブに遭遇したことはありませんが、地元の人によれば、「よくあんな危険な山に登るね」と驚くくらいハブが多い山です。ハブだけでなく、あちらこちらに珍しい蝶々や不思議な姿をした虫がいます。こうした生き物は山の鎮守でもありますから、絶対に殺してはいけません。特に蝶々は神の使いです。そうした生き物に囲まれ、崖を登り、神の場所にだんだん近づいてくると、体が重くなっていきます。それはもう、言葉では表せない重さです。たとえるなら、背中の上に岩を載せられたような感覚。そんな状態で急な斜面を登っていくのだから、かなりの重労働です。

山を登り始めてから祈願、下山まで3時間ほど。山での祈願は神の偉大さを改めて認識できますが、極度に体力を消耗します。

準備を整え、神に祈る

急な斜面や崖を越え、山の頂上付近、神様がいらっしゃる場所に到着したら、一息つく間もなく準備を整えます。私がお祈りする場所と、そこから2、3メートル上の神様が降りてくる場所、その両方にお線香やお米、塩、泡盛を置いてお迎えします。ここで使う神具も、すべて自宅から持参しなければならないので大変です。登山中は、スタッフにも手伝ってもらいながら運びましたが、準備は手伝ってもらうわけにはいかないので、すべて1人で行います。だから、かなり忙しい。そして準備が終わったら、すぐに祈願に入ります。静かに座り精神を集中させ、ひたすら祈ります。みなさんには見えないかもしれませんが、この写真には神様がすでにいらっしゃっていますよ。

山の中で神の声響き渡る

周りにいるスタッフはみんな「暑い、暑い」と言っていましたが、私はいったんお祈りが始まるとトランス状態に入るので、暑い・寒いといった感覚はまったくなくなってしまいます。汗をかいていても気づきません。お祈りの内容はもちろんすべて覚えていますが、それをここで明かすことはできません。相当厳しい祈願でした。神様の声を間近で聞きましたが、やはり人間とは声のパワーがまったく違います。単に音量が大きいというのとは違います。ワーッ、ワーッと、もう岩が次々に飛んでくるくらいの音圧なんです。神様のエネルギーは人間とは比べものにならないのだと実感しました。そのエネルギーに圧倒され、山を降りた後はぐったり。

沖縄へ——
DAY 2

沖縄の海に龍神を呼ぶ

2日目は海での祈願。灼熱の浜辺で祈りを捧げると、突如現れたのは巨大な龍神。間違いなく龍神は存在しました。海をも飲み込みそうな迫力にひるむことなく、祈願を続けます。

南国の太陽が容赦なく照りつけますが、祈願中はまったく暑さを感じません。とても不思議な感覚です。

祈りの装束で海へ

沖縄の旅2日目も白い服装に着替えて、今度は海へ向かいました。祈願をするときは白い服装と決まっていますが、髪型については山も海も特に決まっていません。ただ、やはり私は祈願に集中したいので、なるべく顔にかからないようにきっちりとまとめることが多いですね。沖縄の海での祈願は毎年何回か行っています。この海は観光客や地元の人が訪れるようなビーチではありません。人間は1人もいない海。神聖な場所を選んで祈願いたします。ここでは龍神を呼び出しました。龍神の上にちゅら神様が乗っていらっしゃるケースも多いのですが、このときは龍神のみが現れました。山よりは身体的な負担が比較的少ない祈願であるとはいえ、この場所に近づいてきたら体がどんどん重くなり、具合が悪くなっていきます。山と同様、体力、精神力が必要ですね。この日の祈願は1時間ほど行いました。

そのとき、龍神は現れた

時刻は13時すぎ。気温は40度近くになっていたのではないでしょうか。直射日光の当たる浜辺は灼熱の暑さです。近くで見守っていたメイクさんが倒れてしまうほどの暑さでした。といっても山と同様、私はトランス状態に入っているので、暑さはまったく感じません。龍神が現れるよう祈り続けます。「今、来るだろうか、もうすぐだろうか」と様子を確かめながら、「よし、今だ!」と現れそうなときにお線香を立てます。それを立てた瞬間に、事が起きるんです。ボンと大きな衝撃が体に走ります。目を開けると、水平線の端から端まで見渡す限りに巨大な龍神が現れました。黒龍です。真っ黒な龍神が水平線に沿ってうねっています。まるで嵐の前、黒雲がわき立ってきたような、いや、それ以上の迫力です。龍神に「よろしくお願いします」とご挨拶をし、祈願を始めます。何を祈願したかは守秘義務があるので言えません。一通りお願いをした後、「ありがとうございます」とお礼をします。こうして祈願が終わったら、龍神はサッと消えてしまいます。あたりは何事もなかったような青い海と広い砂浜。祈願後、私は山と同様ぐったりしてしまいました。

違う場所の浜辺では軍服を着た霊が集まって会議をしていました。「あなたたち、何をしてるの?」と聞いたら、パーっと逃げていきましたね。私はときどき人間と霊を間違えてしまうことがあります。なかなか区別がつかないのです。

神の地・沖縄への思い

沖縄は神様が現れる特別な場所です。沖縄の海での祈願は年に何回も行っていますが、山での祈願は10年に1回と定められており、欠かさず行っています。この祈願で私の前に現れる神様は、おおよそ部長クラス。部長にお願いしたからといって、すぐに聞いてくれるわけではありません。たいてい押し問答になります。粘ってお願いし、「そこまで言うなら聞き入れてあげよう」となって初めて、その神様は仕事担当、愛情担当など、分野ごとの担当の神様に振り分けます。龍神はこの分野ごとの神様に属しているのではないでしょうか。部長クラスの上の組織は、私は見たことはありません。

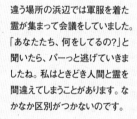

ご存じですか？

「神様の誕生日」をお祝いする方法

さまざまな願いごとを叶えてくれる、大切な神様。
いつもいつも願うばかりではなく、毎月定められた日と誕生日には、
きちんと感謝の気持ちをお伝えします。
実際にあいはらさんが自宅で行っている、神事を初公開いたしますね。

我が家には3人の神様がいらっしゃっています

お願いを聞いてくれる神様に感謝いたします

沖縄から出張している神様にご挨拶します

前のページでは、私が10年に1回必ず行かなくてはならない沖縄の山と、1年に数回行っている海での祈願についてご紹介しました。

神様がいるのは沖縄だけではありません。実は、我が家にもいらっしゃっています。ウチには3人の沖縄の神様が、出張して降りて来ていらっしゃっているんです。

ふだん祈願するときも、自宅の神棚でこの3人の神様に向かってお願いしています。たまに叶えることが難しい願いごとだと、2週間ほど神様の姿が見えないことがあります。2週間ぶりに降りていらっしゃったときに、「長い間どうしていらっしゃったんですか？」と質問すると、「願いを邪魔する悪霊と戦うために会議をしていた」とおっしゃっていました。一生懸命願いを叶えようとしてくださっていたのですね。

私は仕事などで自宅を長期間離れることがあります。そんなときは、ちゃんとご挨拶をします。帰宅したら、すぐにお線香を立ててご報告します。こうして日常的にコミュニケーションを取っています。

こちらが自宅の仕事部屋にある神棚です。毎月1日と15日には、必ずすべてのお供えを入れ替えてお祈りしています。神棚をお掃除すると気持ちも清らかになり、すっきりします。私の大切な習慣です。

自宅の神棚を拝見！
神様をお祀りする方法

大切な神棚と毎日のお供え　これが基本となっています

神棚は、明るく清潔な部屋の天井近くに設けることが基本となっています。我が家の神棚も2か所に窓がある風通しのいい部屋にあり、北側の壁に南向きになるように設置しています。神棚にお供えするものは次の通りです。

・お米……向かって左側
・お塩（盛り塩）……向かって右側
・泡盛……両側の瓶子（一般的にはお神酒として日本酒を入れますが、沖縄の神様には泡盛を入れます。小皿に泡盛を毎日すれすれいっぱいまで入れます）
・お水……手前の水差し
・榊……奥の両側

奥の黒い香炉は、沖縄で「ウコール」と呼ばれ、ウコールの灰には魂が宿るといわれています。ウコールに差しているのは、沖縄のお線香です。黒色で平たい形状をしているので「ヒラウコー」や「黒ウコー」と呼ばれています。

本州で一般的に使われるお線香も、本数や回数に意味があるとされています。沖縄の線香も同様。平たい線香には割りやすいように筋が入っていて、用途に適した本数に割って使います。

私が祈願するときは、必ず15本使います。1片が6本分なので、2片（沖縄では「タヒラ」といいます）と、半分（半ヒラ＝3本分）を差します。

1日と15日は神様の日。この日は必ず神棚のものをすべて入れ替えて、掃除をしてきれいにしてお祈りをします。ここで注意しなければならないのが、日付は沖縄のカレンダーに従って旧暦であるということ。毎年、沖縄からカレンダーを取り寄せて、旧暦の日付で神事を行っています。

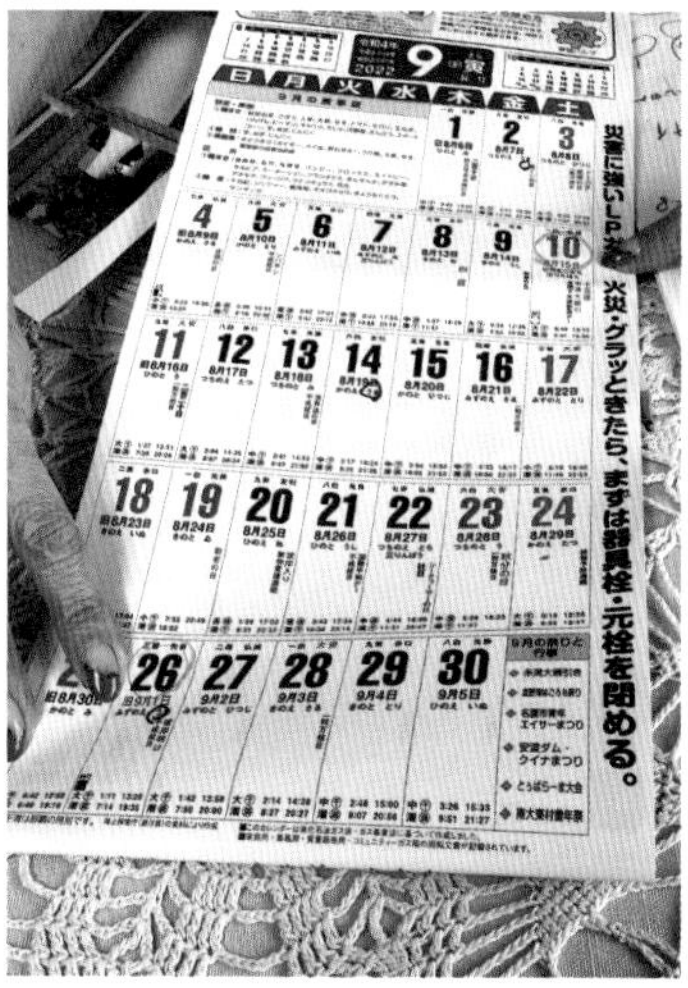

沖縄から取り寄せているカレンダー。神事はすべて旧暦で行います。

お誕生日にはお食事を「3神分」用意してお祝い

初めて私の家に神様をおまつりした3月14日は、神様のお誕生日となっています。この日は、何か祈願するのではなく、ふだんお願いばかりしている神様に1日ゆっくりとくつろいでお過ごしいただけるよう、心づくしのごちそうを用意して、「お誕生日おめでとうございます。いつもありがとうございます。どうぞお召し上がりください」とおもてなしします。いつもお願いばかりしておりますから、お誕生日は、心を込めてお祝いをし、お礼をいたします。お誕生日のお祝いは、とても大切な神事です。

お食事の準備は余裕を持って朝から始めます。我が家には3人の沖縄の神様がいらっしゃいますので、お食事ももちろん3人分です。朝8時ごろから始めて、準備がすべて終わるのは午前10時くらいでしょうか。準備は、神様のためだと思うと自然とがんばる気持ちがわいてきます。

お食事の内容は、まず魚。私はいつもお刺身を用意しています。野菜は胡麻和えにしました。おまんじゅうは紅白まんじゅうです。これがなかなか売っているところが少ないので、この日のために和菓子屋さんにあつらえていただきました。急に前日などに「買わなきゃ」と思っても売っていない場合が多いので、あらかじめ注文しておきます。あとは、お吸い物、ご飯、お茶、果物です。

神様の食卓を置いたお部屋は、窓を開け放して風通しをよくして、お線香を15本立てておきます。また、お食事とは別に、向かって右に盛り塩、左に洗米も神棚の前にお供えします。

お食事は食卓にきちんと並べて、神様に真心を込めて「どうぞ召し上がってください」とお伝えいたします。

祈願するときの作法についてはさまざまありますが、沖縄の

あいはら友子家では、3月14日は神様の誕生日
神様をおもてなしする日です

お誕生日のお祝いにはお米と盛り塩もたっぷりと用意します。いつもお世話になっている神様が1日くつろいでお過ごしになれますよう、毎年、感謝の念をこめて、穏やかな気持ちで準備しています。

神様については、二礼二拍手お祈りが終わってから、一礼。私もいつも祈願するときは、二礼二拍手お祈り終わりの一礼でお願いしています。

毎年、このように神様のお誕生日をお祝いしています。その気持ちが神様に届いているのか、神様は私や家族、親しい友人、お客様をいつもやさしく見守ってくださっています。

何事も気持ちが大切。「神様に日頃の感謝の気持ちを届けたい」という強い思いが、なによりもいちばんのおもてなしになると思っております。

神様にゆっくりと
くつろいでいただけますよう
気持ちを込めて行います

あいはら友子おすすめの

パワースポット案内

龍神の扉を開きたい、龍神パワーを身近に感じたい……
と思っているあなたにぜひ訪れていただきたいのが、
龍神が現れるパワースポットです。全国にそうした場所は多数ありますが、
その中でもあいはらさんが特におすすめしたいのがコチラです！

©reichan0927

© Pranav Narasimhan

九頭龍神社（箱根神社）

商売繁盛や縁結びの御利益が期待できる！

神奈川県・箱根にある九頭龍神社。伝説によると、もともと九頭竜は毒龍でした。古来、「箱根権現御手洗（はこねごんげんみたらし）の池」と称されていた芦ノ湖に、9つの頭を持つ毒龍が住み、たびたび嵐を呼んで村人たちを苦しめていたそうです。それを奈良時代の高僧である万巻上人が倒したところ、毒龍は改心して芦ノ湖の守護神である九頭龍大神となったとか……。

この龍神をお祀りするために箱根神社の境外社として創建されたのが、九頭龍神社の始まりとされています。

昔から人々に「九頭龍さま」と崇められ、商売繁盛・金運守護・心願成就・良縁成就などに特にご利益があるとされています。

九頭龍神社は箱根の他に東京都西多摩郡檜原村にもありますし、京都には九頭竜大社があります。

私の絵にも登場することが多いパワーあふれる九頭龍。ぜひ間近で見てみてください。

●INFO
[住所] 神奈川県足柄下郡箱根町元箱根80-1
[URL] https://hakonejinja.or.jp

©jtwicemartin

雄瀧辨天堂

私も何度も打たれた厳しい滝行の場

身延山の西に位置する霊山「七面山」。この七面山の登山口に「女瀧（羽衣白糸の瀧）」があり、さらに奥に進んだところに「雄瀧」があります。雄瀧は女瀧よりもずっと水量が多く、流れも激しいのですが、修行僧は神聖な七面山に登る前にここで身を清めるそうです。私も何度も打たれに行きました。これはキツいですよ。打たれている間は息ができないくらいです。でも、その後は不思議とすっきりした気持ちに。秋には紅葉が美しく、冬には氷瀑となり、自然の豊かさも感じられるすばらしい場所です。

●INFO
［住所］和歌山県伊都郡高野町高野山132
［URL］https://www.koyasan.or.jp

高野山 奥之院

世界遺産の恒例行事 氷点下で寒中水行

©irenec

世界遺産にもなっている霊場・高野山。奥之院の「水行場」では、60年以上にわたって寒中水行が行われています。冬、あたり一帯が雪に包まれ、気温は氷点下、水温も0度近くの凍えるような冷たい水の中に、修行僧は白装束、わら草履姿で、数珠を持って腰まで水に浸かり合掌します。そして10分あまり、目を閉じて般若心経を唱え、心身を清めます。

龍神は水のあるところにいらっしゃるので、水行をすれば龍神が現れるかもしれません。高野山では、マイナス30度の中、髪を切り得度を行います。

●INFO
［住所］和歌山県伊都郡高野町高野山132
［URL］https://www.koyasan.or.jp

金山城跡 日ノ池

青龍が現れた池は美しく神聖な場所

金山城は、戦国時代に造られたお城で、国の史跡指定を受けています。そこにある美しい池が「日ノ池」と「月の池」。日ノ池は、発掘調査の結果、戦国時代からの貯水池であることがわかっています。しかし、日ノ池は単なる貯水池ではなく、この場所は古来、水が湧き出ていて、水にかかわる祭祀を行った神聖な場所でもあったとされています。

私は日ノ池から青龍を出したことがあります。ちなみに月ノ池も、長い籠城に耐えられるよう生活水を確保するための貯水池であったそうです。

[住所] 群馬県太田市金山町40-106ほか
[URL] https://www.city.ota.gunma.jp/005gyosei/0170-009kyoiku-bunka/topics/nyumon.html

富士山本宮浅間大社

富士山の噴火を鎮めた水徳の神を祀る

[住所] 静岡県富士宮市宮町1-1
[URL] http://fuji-hongu.or.jp/sengen/

浅間大社に祀られているのは、木花之佐久夜毘売命(このはなのさくやひめのみこと)。家庭円満・安産・子安・水徳の神となっています。言い伝えによると、第7代孝霊天皇の時代に富士山が大噴火をし、荒れ果てた状態が長く続いていたそうです。第11代垂仁天皇はそんな状況を憂い、浅間大神を祀って山霊を鎮めたとのこと。これが浅間大社の起源。その後、姫神の水徳をもって噴火が静まり、平穏な世になりました。私も富士山が大好きで、富士山とともに木花之佐久夜毘売命をよく描いています。5合目まで行くと富士山パワーを間近に感じることができますよ。

私の絵にもその壮大で強い富士山パワーを入れ込もうと、最大限に思いを込めて描いております。

清水寺

境内と門前町を巡行
青龍会で除災を祈願

音羽山清水寺の開創は778年。観音様の霊場として、古くから庶民に親しまれてきました。約13万平方メートルの境内には、国宝と重要文化財を含む30以上の伽藍や碑が建ち並んでいます。創建以来、10回以上の大火災に遭い、堂塔が毎度焼失しましたが、そのたびに篤い信仰によって再建され、1994年にはユネスコ世界文化遺産「古都京都の文化財」として登録されました。

私は何度も清水寺に足を運んでいます。毎晩、清水寺の音羽の瀧に水を飲みに飛んで来るという龍神は、観音様の化身です。奥の院南脇堂に祀られている夜叉神は、この青龍の地と御本尊を守り、悪縁を断ち、良縁を結ぶ神と言い伝えられています。

毎年行われる青龍会では大きな青龍を先頭に、一行が地域守護と除災を祈願して境内と門前町を巡行します。地域の人々が「南無観音」と唱え、観音様のご利益を願う大切な行事です。ぜひ行ってみてくださいね。

©3xmachina

©keylimedonut

●INFO
［住所］京都市東山区清水一丁目294
［URL］https://www.kiyomizudera.or.jp

水があるところに住む龍神
もしかしたら現れるかも!?

スペシャル対談②

苫米地英人×あいはら友子

龍神はいる、確信することで運が開ける！

スピリチュアル画家と認知科学者。ジャンルは違えど、
なぜか波長が合う、あいはらさんと苫米地英人さん。認知科学の視点から、
「龍神」と「開運」について解き明かします！

これからは日本ならではの価値で勝負する。

――苫米地英人

２０２３年以降の日本の運気を上げるために

あいはら　私は２０２３年から27年まで、運気がどんどんよくなると思っているんです。20年から21年の悪い運勢はやっと終わり、景気が回復。だから、みなさんにはワクワクしてほしいと思っています。私、68歳なんですけど、これがラストチャンスだと思って、思い切りワクワクして楽しみたいと思っています。苫米地さんは、もう恐ろしいところから何からいろんな経験値をお持ちですが（笑）、これからの日本はどうなると思っていらっしゃいますか。

苫米地　日本経済についていえば、そんなによくなるとは思えないね。

あいはら　えっ、そうなんですか（苦笑）。では、これから運気を上げていくにはどうしたらいいでしょう？

苫米地　それは簡単。世界が決して毀損できない日本のバリューで勝負することだね。例えば、日本文化的なものとかね。

あいはら　「日本ならではのもの」ということですか。

苫米地　そうです。少なくとも太平洋戦争の前から、できれば明治維新の前から、日本固有のものとしてあって、外国人が勝手に価値を上げたり下げたりできないもの。そういうものがこれからは価値が出る。外国人がすぐに真似できそうなものはダメ。

あいはら　ということは、私の絵もいいですか。日本の画材を使った日本画です。

苫米地　そう。日本画はいい。西洋画で勝負したってダメだけど、日本画のように日本の伝統を徹底的に守る。

あいはら　私、日本人に元気になってもらいたいと思って描いています。

苫米地　日本人のために描くのもいいけど、海外で売って得しちゃうというのもひとつの手ですよ。

あいはら　絵は今「待ち」の状態になっているんです。だから、もういっぱいいっぱい。

苫米地　「最低1億円からオーダーメイドします、1年後に納品します」といった形で売ればいいんですよ。1枚売れたら充分じゃん。

あいはら　充分ですけど（笑）。私の絵を見て元気になりたい、勇気を持ちたいという人に、私は届いてほしいと思っているんです。

どんどん派手になっていく色が脳に影響を与える！

あいはら　昔、苫米地さんと対談取材でお会いしたときに、私の絵を見て「ピクチャーコーチングだ」と言ってくださいました。

苫米地英人（とまべち・ひでと）

認知科学者、カーネギーメロン大学博士・同大学CyLabフェロー、ジョージメイソン大学研究教授、早稲田大学研究院客員教授。1959年、東京生まれ。三菱地所勤務を経て、イエール大学大学院に留学。カーネギーメロン大学大学院哲学科計算言語学研究科に転入。オウム真理教信者の脱洗脳など、機能脳科学のエキスパートでもある。

苫米地　あいはらさんはさまざまな色を使っているでしょう。色は人間の脳に直接影響を与えます。色は簡単に言うと光の周波数なんです。その波長ごとに人間の脳は違う反応をするように進化しています。「ここは危ない」「これは食べたらよくない」なども色で判断しますよね。もちろん味の判断もあるけど、味わったときはすでに遅いですから。

あいはら　確かに。毒を味わって判断していたら遅いですね。

苫米地　みんな身の危険を避けて、安全を維持するために、本能的に波長の長さに色をつけて見て判断するというクセが人間の脳にはできあがってるんですね。色盲の人だって、色の波長を受け取ることはできているんです。

あいはら　私の絵はどんどん派手になっています。かつ、みんながワクワクしてくれるように、題材も昔に比べて派手で強くなってる。

苫米地　もちろん形の影響もあるけど、やっぱり色の組み合わせが大事。脳に直接影響を与えるのは色だから。

「龍神はいる」という確信がパワーになる

あいはら　龍神についてはいかがですか。みなさん、諦めない心で自分の目標に向かってほしいというのが私のテーマです。

苫米地　それにはまず、龍神が実際いると確信しないとダメ。

あいはら　龍神はいますよ。あちこちの神社仏閣にも描いてありますしね。

苫米地　龍神はいる。それはイエス・キリストがいるのと同じ。「イエスなんて今はいないでしょ」と普通思うけど、キリスト教を信じている人にとっては今もいる。同じように、龍神もいる。情報の空間というものがあって、そこにはイエスもいればブッダもいて、龍神もいる。ありとあらゆる存在がいるわけだ。それをいないと否定する人は極めて寂しい人生を送る。キリスト教の世界でイエスはいないという人はどうやって生きていくの？

あいはら　そういうのは寂しいですよね。

苫米地　それは、タイガーマスクに憧れてプロレスラーになるのと同じ。「漫画家が作ったもの」と言われても、情報空間には存在しているわけです。その存在をイメージし、「いる」と確信することが、パワーになる。

あいはら　なるほど。

苫米地　だから、龍神も「いる」と確信しないといけない。どこにいるかと

ワクワクしてくれるように、色がどんどん派手に、題材も強くなっているんです。

——あいはら友子

極めて抽象度の高い空間に龍神は「いる」と確信することがパワーになるんです。

――苫米地英人

いうと、極めて抽象度の高い空間にいる。情報の抽象度のレベルが高いところにアクセスすればするほど、ものがたくさん見えるようになって、IQが上がる。それはそうでしょう。デリバティブ（金融派生商品）の価格付けに現れる五次、六次の偏微分方程式を解く人のほうが、「デリバティブって何?」と言っている人よりも多くのことが見えて稼ぐに決まっている。より抽象度の高い情報空間に接している人のほうが強いんです。おそらく開運とはそういうこと。

あいはら　そういうことなんですね！

苫米地　開運はただのラック（運）じゃないんですよ。ただの運だったら、上がるか下がるか、2分の1の確率の話にすぎない。そういう話じゃないんです。自分で起きるべき未来を想定して、そこに上手に乗って歩いていけるかどうか。抽象度が高い思考ができれば、それができる。

あいはら　開運ってそういうことだったんですね。よくわかりました。

開運のために上げるべき日本人のエフィカシー

あいはら　実際に、私の絵を見て元気になって「受験に合格した」「就職できた」というお電話やメールをいっぱいもらうんですよ。そのメールをもらったら私は涙して喜ぶし、すべてお返事しています。その方の運勢がどんどん良くなっていくのが、私もすごく嬉しいんです。

苫米地　物事はインタラクティブだからね。

あいはら　インタラクティブ？

苫米地　双方向性。自分も相手も影響し合う。

あいはら　そう、その通りです。

苫米地　日本人は相手を蔑む文化でしょう。お互いがお互いを下げる文化。特に、景気は悪くなるし、コロナ禍で自由が制限されるし、いいことない状況で、その文化が加速している。

あいはら　そう？　そんな思ったことないけど。

苫米地　有名人はSNSで叩かれる。

あいはら　確かに、出た芽をみんな潰そうとするところはありますね。

苫米地　うまくいってる人を引きずり下ろそうとする。そういうことを「エフィカシーが低い」と言う。エフィカシーというのは、ゴールを達成するための自己能力の自己評価のこと。自己評価は、自分で上げていくものなんですよ。自分の価値を高くすればいい。テレビの中にいる人の悪口を言ったって

みんなが願いを叶えられる世の中にならないとあかん！
――あいはら友子

何も起きない。なのに、悪口を言っている人は相手を引きずり下ろして、自分が上がった気になるわけですよ。他人の評価を下げることによって自分の評価が上がったように勘違いしている。

あいはら　そういうの、大嫌いです。イヤですよね。

苫米地　昔はそうじゃなかった。いつからかわからないけれども、日本人はそうなってしまった。こういう状態はひっくり返した方がいい。

あいはら　どうすればひっくり返せるのでしょうか。

苫米地　高いエフィカシーを維持する意識状態を作る。そのためには、まずゴールがないといけない。日本人のほとんどがゴールを失っている。「お金持ちになりたい」というのはゴールじゃないからね。それは道具だからね。

あいはら　そう思います。

苫米地　ゴールとは、「社会でこういう役割を持ちたい」「こういう自分になりたい」というもの。それをみんなが持つ。

あいはら　それは「生きがい」とも言えますよね。

苫米地　そう、生きがい。そのゴールを失っているか、ゴールがあったとしても「自分には無理」と、達成するための能力の自己評価、すなわちエフィカシーが下がっちゃってる。高いゴールを設定して「私は達成できる」というエフィカシーを維持する。戦後の日本は、この2つを意図的に日本人に持たせないようにしてきたんです。

あいはら　動物は弱肉強食の世界だけど、人間は共存共栄しかあかんですよね。私はみんなが自分の目標に向かって努力して、願いを叶えて、幸せになってほしい。そう思って命がけで絵を描いているんですよ。本当に社会貢献と思って描いている。

苫米地　それは、いいことだ。自分がそうやって生きていることを見せて、そうしたさまを表現したものを出していくのはいいこと。それからまた、「その先があるよ」と教えたらいい。何があるかわからないけど、先はある。

あいはら　次々に努力を重ねていくということですよね。わかります。そうした意識を持ってほしいと、私も思っています。

苫米地　それが重要なのよ。今は社会が自己評価を下げる方向に持っていっている。だから自殺者が増える。自分のことを「死んでいい」と思うのは、自己評価がゼロになったということじゃん。社会がそこまで追い込んでる。自己評価を上げれば、絶対に自殺は起きない。

あいはら　自分は価値ある人間だと思って生きてほしいですね。

苫米地　一人ひとりのエフィカシーを上げる。どの会社に所属しているとか、どの会社が偉いとか、そんなことはどうでもいい。「あなた自身がすごい」と認められるようにする。

あいはら　生きがいを与える。

苫米地　そう。そのために、あなたのうしろに龍神がいます。

あいはら　おっしゃる通りですね！　本日はとても楽しかったです。

色で開運！
あなたにぴったりのカラーはどれ？

脳に直接刺激を与える「色」。脳への刺激は、人の生き方や運勢にも影響を与えます。
カラーセラピストでもあるあいはらさんが、さまざまな色の特徴をご紹介します。

［金］ゴージャスで金運アップ

金色といえば、やはり金満様。お金の色であり、金運を上げる色ですね。金色だけでなく黄色も近い作用があるとされ、やはり金運をアップさせる効果が期待できると思います。お金持ちになりたいのなら、ゴールドや黄色を多く使っている龍神の絵をお部屋に飾ってみてくださいね。気持ちからゴージャスで明るくなれますよ。

［赤］逆境を乗り切れる元気の源

赤いものを見ると、体感温度が2度上がるといわれています。やはり赤は元気になる色ですね。オレンジも同様に元気の源になる色です。日本画においては朱色をよく使います。ちょっとエネルギー不足だなと思うときや、逆境を乗り切りたいときは、朱色を多用した絵を飾ってみてください。勇気、元気が出てくるはずですよ。

［緑］心と体を癒やして健康に

植物の色である緑は人の心身を癒やします。健康運に不安がある人は、緑をベースにした絵を日常的によく見える場所に飾ってみてください。仕事運、恋愛運、金運……何事も健康があって初めて生きてきます。健康はすべてのベースなのです。特に心の健康はこれからの社会のキーワード。まずは心と体を整えてください。

［青］厄除けに使われる「空海ブルー」

弘法大師・空海の名前の由来となったのは、文字通り空と海。どこまでも突き抜けた透明感のある青は、「空海ブルー」とも呼ばれています。青は厄除けに使われる色。清々しい印象を与え、邪悪なものを寄せ付けません。だから、悪いものから身を遠ざけたいときは青龍の絵を飾ってください。きっと、あなたを守ってくれます。

［白］神聖で悪霊や穢れを払う

古代から白は神事に使われる神聖で特別な色ですよね。私も祈願するときには白い服装で行います。白は悪霊や穢れを払う色であり、「何にも染まります」という清らかな色でもあります。龍神は黒龍が多く、白龍はとても珍しい存在です。だから特別な祈願をしたいときには、白龍の絵を飾ってお祈りをしてくださいね。

［銀］人生に大切な「地味派手」な輝き

銀色は、私はわりと好きな色です。いぶし銀のような輝きは「地味派手」といいましょうか。地味派手さは人生の中でとても大切だと思っています。絵においては、私は雪景色に銀色をよく使っています。やはり絵も地味派手な印象になるので、気に入っていますね。金色のギラギラ感よりも控えめに開運を目指すなら、銀がおすすめです。

［ピンク］流行の予感がする恋愛の象徴

2023年に流行るのではないかと注目している色です。ピンクはラブリーな印象を与え、恋の象徴としてもよく使われていますよね。恋したい人、恋愛運に恵まれたい人はピンクの絵がおすすめです。ピンクだけでなく、レースやリボンといった愛らしいものも恋愛成就をサポートします。小物や洋服に取り入れてみてくださいね。

［ベージュ］協調を重んじる日本人にぴったり

ベージュは中間色といわれます。どんな色とも組み合わせることができますし、見ていると落ち着く色ですよね。「和を以て貴しと為す」として、チームワークや協調性を重視し、反感を買わないように生きていきたい日本人にぴったりの色でもあります。もう少し濃い茶色になると、落ち着いてコツコツと物事を進める色になります。

［紫］格が高く、金運にも恵まれる

紫は格が高い色。格が高いお坊さんも紫の袈裟をお召しになられますよね。格の高さは金運とも比例しています。ですから、紫も金色と並んで金運に恵まれる色なんです。金色や黄色といった明るいカラーが苦手だったり、お部屋の雰囲気に合わなかったりする場合には、紫を基調とした落ち着いた絵を飾るといいでしょう。

［黒］じっくりと物事を考えられる

喪服のイメージが強い黒ではありますが、黒は紋付袴にも使われ、高貴で格式の高い色でもありますよね。また、黒は落ち着き感があり、じっくりと物事を考えるときにもぴったりの色です。私の絵においても黒龍がたくさん登場します。仕事や勉強に集中したいときには、黒龍の落ち着いた色合いの絵を飾るといいでしょう。

私たち、龍神の絵に救われました

龍神の絵やその他の絵によって人生が大きく変わったという方は全国に多数いらっしゃいます。その体験談の一部をご紹介します。

体験談1

龍神の扉を開いたら会社が倒産!? 「話が違う」と思ったけれど収入UP

（青森県在住・50代）

13~15年ほど前、街を歩いていて個展のポスターを偶然目にしました。直感で「行ってみたい」と思ったのですが、そのときは予定が合わなくて。でも、その数か月後にたまたま、あいはら先生に悩みを相談して祈願をしていただけるチャンスがあり、お伺いしたんです。すると、部屋に入ってご挨拶もしないうちから、「うるさい」と言われまして。「何もお話ししてないのに、なぜ?」と驚いたのですが、「あなたは子どもにうるさすぎる」と言われ、その瞬間、「あいはら先生はすべてお見通しなのだ」とわかりました。当時、上の子が小学校低学年、下の子が1歳。子育て中心の生活で、仕事は近所のパートだったのですが、子どもたちの教育資金を貯めたいという思いもあり、働き方で悩んでいたんです。あいはら先生はこうおっしゃいました。

「お家にいると子どものことばかりになってしまう。それが子どもにとっていいこととは限らない。あなたは外に出て

体験談2

龍神の絵で祈願していただいたら ピリついた家庭に笑顔が戻りました

（滋賀県在住・40代）

14~15年ほど前、雑誌であいはら先生の絵を購入した方の体験談を読んだことがきっかけで関心を持ち、友人と一緒に個展とトークショーに行きました。

当時、家の中はぐちゃぐちゃ状態。主人は真面目に働いていたものの、会社の経営が悪化してひどく給料を減らされ、生活が苦しかった。子どもを4人抱えて将来が不安で、深刻に悩んでいました。

そのような状況でトークショーを聞き、龍神の絵によって運を付けてもらえることを知って、目の前が開けたような気持ちになりました。帰宅後、すぐに主人に相談。でも、主人は「そんな高い絵、買えるか」と聞き入れてくれず、いったんそこで諦めました。

それから数年後、主人が究極的にダメになってしまったときに、「お願いだから来て」と、半ば強引にトークショーに連れて行ったんです。最初は乗り気でなかった主人ですが、トークショーを聞いてこうつぶやきました。

「龍神の扉を開いてみたい」

私は「あいはら先生を信じて頑張って」と背中を押し、龍神の絵を購入し、龍神の扉を開いていただきました。

あいはら先生からのアドバイスは「大手を受けなさい」。当時、主人はすでに47歳。その年齢で転職は非常に厳しいのですが、先生を信じて大手企業を受けたところ、1次試験に合格。2次試験も祈願を入れてもらったら、見事合格！入社後に聞いたところによると、60人中、合格者は4人だけという高い倍率だったそうです。びっくりしました。

祈願を入れていただき、主人が大手企業に入ってからは、家庭内がガラリと変わりました。以前は金銭的に余裕がなく、主人はキレやすいところがありました。家庭内も笑いがなく、みんながピリピリ。それが、経済的に安定したことで家庭に笑顔が戻ってきましたし、主人が会社の人間関係で悩むこともなくなりました。

主人ばかりではありません。当時、長

社会に貢献すべき人です」

私が何もご相談しないうちにそう言われてしまったので、もうお願いするしかないと思いまして、白虎の絵を購入し、祈願をしていただきました。

その後、2か月ほどして仕事のオファーがあり就職。最初から役職をいただき、もちろんお給料も今までよりかなりアップしました。

キャリアをスタートさせることができ、それからは特に悩みもなく過ごしていたのですが、5年後、突然あいはら先生から電話をいただきました。「あなた、除霊して龍神の扉を開いたほうがいいですよ」と。

実は、その頃は職場が変わっていまして、さらに待遇がアップしていたんです。「龍神の扉を開きます」と言われ、龍神の絵と除霊の絵を2枚購入。祈願をお願いしたら……なんと2か月後に会社が倒産！

「話が違う！」と思いました。でも、よくよく考えると、実はその職場は早晩、事業に失敗することが目に見える状態で、私が「これはおかしい、改善したほうがいい」と言っても取り合ってもらえなかったんです。それでも前の職場でお世話になった方の関連会社だったため、辞められない状況でした。私にとっては切れてよい縁だったのです。倒産したのは悪いことではないのだと思い直しました。おかげさまで、その後はフリーランスでさまざまなところからオファーをいただけるようになり、収入もアップ。結論としては、やはり倒産はいいきっかけとなりました。

息子の中学受験の際も、龍神の絵によって祈願していただき、志望校に合格できました。主人も節目節目にご祈願いただいています。

先生にご祈願いただくと、物事がどんどん動き出すような気がします。動きが速く、「頑張れ、頑張れ」と追われるような感覚になるんです。だから、もっと努力しようという力がわいてくる。我が家にある30もの絵は、私たち家族がさまざまな困難を乗り越えてきた証となっています。

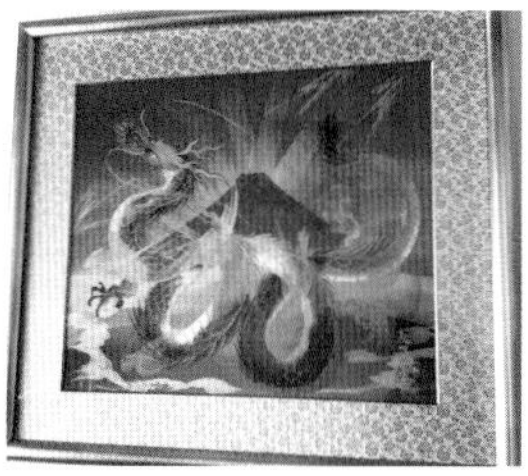

黒龍の絵(左)を購入し、ご祈願いただいたら、勤めていた会社が倒産。驚きましたが、すぐに「なるほどな」と納得しました。倒産したおかげで、しがらみを切れたのです。

男が勤めていた職場は営業ノルマがきつく、どれだけ頑張って働いても安いお給料で、毎日クタクタになっていました。そこで「清水寺の青龍」の絵で祈願していただき、主人が入った大手企業の契約社員に応募してみたら、準社員に合格。その後、難しい正社員試験にも合格することができました。ストレートで受かる人は相当珍しいそうです。

娘も龍神の扉を開いて、就職がうまくいきましたし、3番目の子も白龍の絵で高校の推薦が決まりました。私自身も、龍神と鳳凰の絵によって祈願していただいたところ、あいはら先生から「お手伝いに来てくれないか」と声をかけていただき、今はスタッフとして個展会場であいはら先生のサポートをさせていただいています。

あいはら先生の言葉で一番心強かったのは、「生きがいのある人生をつくるから、私を信じて」。すごく元気づけられ、やる気が出ました。あいはら先生に祈願していただくだけでなく、私たち自身も努力しないとダメなのですが、龍神の絵をリビングに飾って毎日目にすることで、「頑張らなければ」と気を引き締められますし、自信が持てるようになりました。

あいはら先生は「龍神の扉を開くということは、いばらの道を歩むはずだったのが高速道路を走れるように変えるということ」とよくおっしゃいます。確かに、龍神の扉を開いてからは、何事もシュッとスムーズにいけるようになりました。

まだあいはら先生の作品を個展会場で目にしたことがない方には、ぜひ一度見ていただきたいですね。実際に作品に触れて伝わってくるものがあると思います。別に買わなくても、行くだけでパワーがもらえますよ。トークショーも一度聞いてもらうと考え方が変わると思います。

3番目の子のために購入した白龍の絵(右)。受験で悩んでいたときにご祈願いただき、スムーズに推薦で高校が決まりました。また、長男が仕事で苦しんでいたときに清水寺の青龍の絵(左)を購入。今では主人と同じ会社でのびのびと働いています。

幸せを呼ぶ！龍神グッズ

龍神パワーをいつも身につけていたいなら、個展で販売している龍神グッズがおすすめです。お出かけやお仕事、リラックスタイムに……龍神があなたを見守ってくれるでしょう。

親しい方へ季節のご挨拶

龍神カード

税込440円

ワクワクするような明るい色彩で彩られた龍神の絵を、大きくプリントしたグリーティングカード。親しい方へのご挨拶にぴったりです。龍神のエネルギーを、みなさんにおすそ分けしてくださいね！

願いを書き込んで叶える！

龍神ノート

税込1320円

個展会場やトークショーなどで人気があるグッズが、このノート。開運のために必要なこと、気をつけるべきことなどを書き留めておくのに最適なんです。夢や願いも、ここに書いておくといいですよ。

気になることを書き留めるこれ、開運の秘訣です

プロフィール

あいはら友子

女優・日本画家・高野山宝亀院福寿会理事。兵庫県神戸市生まれ。小学3年生の時の交通事故をきっかけで、学業・運動すべての分野で才能が開く。関西学院大学在学中にアーチェリーで全日本第3位、モントリオールオリンピック強化メンバーとなる。1978年、NHK朝の連続テレビ小説「わたしは海」のヒロインでデビュー。その後、多数のドラマや映画が出演。映画の代表作には『刑事物語 くろしおの詩』『新・極道の妻たち惚れたら地獄』などがある。バブル時代には、経済界での講演や、テレビ・ラジオでキャスター、そして雑誌の連載をしたことで、「財テク女優」と呼ばれた。また、銀行・上場企業での講演も多数こなす。1998年より、赤富士を中心とした「富士シリーズ」で、全国のデパートで絵画個展を開催。開催回数は100回を超え、いずれも大盛況となる。さらに清水寺には、33年ぶりに御開帳された十一面千手観音の絵画を描き寄贈している。日本画家として美術年鑑、美術市場認定、厚生労働省認可心理相談員(中央労働災害防止協会心理相談員)、高野山真言宗僧籍取得、高野山宝亀院福寿会理事、温泉ソムリエ、日本テクニカルアナリスト協会公認テクニカルアナリスト、アニマルコミュニケーター、カラーセラピスト。

◉あいはら友子オフィシャルサイト
(個展スケジュール掲載)
http://aiharatomoko.net

◉開運携帯サイト
「あいはら友子の絵画開運占い」
http://aiharatomoko.jp

◉あいはら友子の開運ブログ
(個展スケジュール掲載)
https://ameblo.jp/aiharatomoko/

◉YouTubeチャンネル
「あいともTV(AitomoTV)」
https://www.youtube.com/user/AitomoTV

◉不安クラブ
http://www.fuanclub.com

メール鑑定サイト「あいはら友子の不安クラブ」は、メールでの人生相談室です(相談・鑑定は有料)。くわしくは上記URLや右記QRコードよりご確認ください。
※個展で絵画をお求めのお客様には、希望があればメールでの人生相談も行っています(絵画購入者に限り、無期限・無料)。

ひと息ついてパワーをチャージ

龍神マグカップ

税込2200円

お仕事や勉強には集中力も大切ですが、ときどき気持ちを緩める時間を作ったほうが、より集中して目標に向かっていけますね。休憩時間には龍神マグカップはいかがでしょうか。龍神パワーをチャージできますよ。

持っているだけで
幸せな気持ちになれる
グッズです

インテリアのアクセントに

龍神アクリルスタンド

税込2304円

デスクの上やベッドサイドなどに、さりげなく置ける龍神のアクリルスタンド。オフィスのような絵を飾りにくい場所でも、これなら飾ることができますね。いつでも龍神があなたを見守ってくれることでしょう。

金運がグングンUPする
龍神の絵

2023年2月7日　初版発行

著者　あいはら友子
発行者　揖斐 憲
発行所　株式会社サイゾー
〒150-0044 東京都渋谷区道玄坂円山町20-1
新大宗道玄坂上ビル8階
電話 03-5784-0790（代表）
印刷・製本　株式会社シナノパブリッシングプレス

編集・構成　安楽由紀子、中矢俊一郎（CYZO Inc.）
ブックデザイン　本庄浩剛
ポートレート写真　西村満（p.25-29を除く）
ヘアメイク　白土和恵（あいはら友子）
衣装提供　ウライ株式会社（あいはら友子／着物）

Printed in Japan
ISBN978-4-86625-164-6